簿記の基礎と資産・負債・純資産と貸借対照表

[1]　次の各文の（　）のなかに，最も適当な語を記入しなさい。

(1)　簿記は，企業の経営活動を一定のルールにしたがって帳簿に，（　ア　）・（　イ　）・（　ウ　）する技術である。

(2)　簿記の目的は，財産管理をすることと，簿記による帳簿記録をまとめて，一定時点の（　エ　）と一定期間の（　オ　）を明らかにすることである。

(3)　簿記には，（　カ　）・（　キ　）・（　ク　）という三つの前提条件がある。

ア		イ		ウ		エ	
オ		カ		キ		ク	

[2]　次の各文と関係の深いものをA群・B群から選び，記号で答えなさい。

	A 群	B 群
① 他人に販売する目的でもっている物品	（　　）	（　　）
② 銀行などから金銭を借り入れて，後日，返済しなければならない義務	（　　）	（　　）
③ 店舗や事務所などの建物	（　　）	（　　）
④ 資産の総額から負債の総額を差し引いた額	（　　）	（　　）
⑤ 営業用のコピー機・机・いす・金庫など	（　　）	（　　）
⑥ 紙幣や硬貨などの金銭	（　　）	（　　）
⑦ 商品を仕入れたときの代金を，後日支払う義務	（　　）	（　　）
⑧ 商品を売り渡したときの代金を，後日受け取る権利	（　　）	（　　）
⑨ 店舗や事務所などの敷地	（　　）	（　　）
⑩ 他人に金銭を貸し付けて，後日，返済を受ける権利	（　　）	（　　）

[A群]　a. 現　金　b. 売掛金　c. 商　品　d. 貸付金　e. 備　品　f. 建　物
　　　　g. 土　地　h. 買掛金　i. 借入金　j. 資本金

[B群]　ア. 資　産　イ. 負　債　ウ. 純資産（資本）

[3]　次の計算式の（　　）のなかに，適当な語を記入しなさい。

(1)　資　本　等　式：（　ア　）−（　イ　）= 資本

(2)　貸借対照表等式：資産 =（　イ　）+（　ウ　）

(3)　財産法による当期純利益の計算：（　エ　）− 期首資本 = 当期純利益（マイナスは当期純損失）

ア		イ		ウ		エ	

[4]　次の表の空欄に入る適当な金額を計算しなさい。

	期	首		期	末		純利益または
	資　産	負　債	資　本	資　産	負　債	資　本	純損失（−）
①	500		200		400	300	
②	650	420		690		250	
③		510	330	930	630		
④	380		100	410			60
⑤	540	210			330		− 50
⑥		180			200	120	40

5　関東商店の令和○年1月1日における資産と負債は次のとおりであった。よって，貸借対照表を作成しなさい（資本金は各自で計算すること）。

| 現　　金 | ¥120,000 | 売　掛　金 | ¥160,000 | 商　　品 | ¥230,000 |
| 備　　品 | 140,000 | 買　掛　金 | 170,000 | 借　入　金 | 180,000 |

貸　借　対　照　表

（　　　　　）商店　　　令和○年（　　）月（　　）日　　　　　　（単位：円）

資　　　産	金　　　額	負債および純資産	金　　　額

6　上記の関東商店の令和○年12月31日現在の資産・負債は次のとおりであった。よって，貸借対照表を作成しなさい。

| 現　　金 | ¥100,000 | 売　掛　金 | ¥210,000 | 商　　品 | ¥180,000 |
| 備　　品 | 240,000 | 買　掛　金 | 160,000 | 借　入　金 | 220,000 |

貸　借　対　照　表

（　　　　　）商店　　　令和○年（　　）月（　　）日　　　　　　（単位：円）

資　　　産	金　　　額	負債および純資産	金　　　額

7　東海商店の次の資料によって，期首の資産・負債・資本と期末の資産・負債・資本の金額を求めなさい。また，当期純損益を財産法の計算式によって求めなさい（純損失は－をつけること）。

期首の資産・負債（1月1日）

現　　金	¥700,000	売　掛　金	¥400,000	商　　品	¥200,000
備　　品	1,000,000	建　　物	1,200,000	土　　地	2,000,000
買　掛　金	500,000	借　入　金	1,000,000		

期末の資産・負債（12月31日）

現　　金	¥950,000	売　掛　金	¥720,000	商　　品	¥500,000
備　　品	800,000	建　　物	1,000,000	土　　地	2,000,000
買　掛　金	750,000	借　入　金	1,000,000		

期首資産 ¥	期首負債 ¥	期首資本 ¥
期末資産 ¥	期末負債 ¥	期末資本 ¥
財産法の計算による当期純損益 ¥		

収益・費用と損益計算書

1　次の各文と関係の深いものをＡ群・Ｂ群から選び，記号で答えなさい。

		Ａ 群	Ｂ 群
①	借入金に対して支払った利息	（　　）	（　　）
②	従業員に支払った給料	（　　）	（　　）
③	売り渡した商品の販売価額と仕入価額の差額	（　　）	（　　）
④	借りている事務所や店舗などの家賃	（　　）	（　　）
⑤	新聞の購読料や茶菓子代など特定の項目に入らない諸費用	（　　）	（　　）
⑥	電車賃・バス代・タクシー代など	（　　）	（　　）
⑦	貸付金や預金などに対して受け取った利息	（　　）	（　　）
⑧	水道料・電気料・ガス代など	（　　）	（　　）
⑨	新聞・ちらしなどの広告料	（　　）	（　　）
⑩	商品売買の仲介などによって受け取った手数料	（　　）	（　　）
⑪	切手などの郵便料金や電話料金・インターネット回線使用料など	（　　）	（　　）

［Ａ群］a．商品売買益　b．受取手数料　c．受取利息　d．給　　　料
　　　　e．広　告　料　f．交　通　費　g．通　信　費　h．支払家賃
　　　　i．水道光熱費　j．雑　　　費　k．支 払 利 息

［Ｂ群］ア．収　　　益　イ．費　　　用

2　次の計算式の（　）のなかに，適当な語を記入しなさい。

損益法による当期純利益の計算：（ア）－（イ）＝当期純利益（マイナスは当期純損失）

ア		イ	

3　次の表の空欄に入る適当な金額を計算しなさい。

	期　首 資産	期首 負債	期首 資本	期末 資産	期末 負債	期末 資本	収　益	費　用	純利益または純損失(−)
①	600		300		500		720	620	
②		520		790		350		400	120
③		510	330	930	630		800		
④	480			410		260		540	− 60

4　関東商店の令和○年1月1日から令和○年12月31日までの収益と費用は次のとおりであった。
よって，損益計算書を作成しなさい。

商品売買益　¥440,000　　　　給　　料　¥210,000　　　　広　告　料　¥180,000

損　益　計　算　書

（　　　　　）商店　令和○年（　　）月（　　）日から令和○年（　　）月（　　）日まで　（単位：円）

費　　用	金　　額	収　　益	金　　額

⑤　　信越商店の期末（令和○年12月31日）の資産と負債および当期（令和○年1月1日から令和○年12月31日）の収益と費用によって損益計算書と貸借対照表を作成しなさい。

期末の資産・負債

| 現　　　金 | ¥ 30,000 | 売　掛　金 | ¥ 186,000 | 商　　　品 | ¥ 108,000 |
| 備　　　品 | 50,000 | 買　掛　金 | 174,000 | 借　入　金 | 40,000 |

当期の収益・費用

商品売買益	¥ 98,000	受取手数料	¥ 57,000	受取利息	¥ 25,000
給　　　料	65,000	広　告　料	10,000	支払家賃	25,000
雑　　　費	5,000	支払利息	15,000		

損　益　計　算　書

（　　　　　）商店　令和○年（　　　）月（　　　）日から令和○年（　　　）月（　　　）日まで　　　（単位：円）

費　　　　用	金　　　額	収　　　　益	金　　　額

貸　借　対　照　表

（　　　　　）商店　　　　　　　　令和○年（　　　）月（　　）日　　　　　　　（単位：円）

資　　　　産	金　　　額	負債および純資産	金　　　額

⑥　　次の用語の英語表記を語群のなかから選び，記号で答えなさい。

① 簿　　　記　② 資　　　産　③ 負　　　債　④ 純　資　産　⑤ 資　　　本
⑥ 貸借対照表　⑦ 収　　　益　⑧ 費　　　用　⑨ 損益計算書

[語群]　ア．expenses　　イ．assets　　　ウ．bookkeeping　　エ．net assets
　　　　オ．revenues　　カ．capital　　キ．liabilities　　ク．balance sheet（B/S）
　　　　ケ．profit and loss　statement（P/L）

①		②		③		④		⑤	
⑥		⑦		⑧		⑨			

取引と勘定

1　次の各文の（　）のなかに，最も適当な語を記入しなさい。

(1)　経営活動において，資産・負債・資本を増減させたり，収益・費用を発生させることがらを（　ア　）という。

(2)　簿記では，資産・負債・資本の増減や収益・費用の発生を，勘定に分けて記録，計算する。この勘定につけた名前（項目名）を（　イ　）という。

(3)　勘定口座の左側を（　ウ　），右側を（　エ　）という。

(4)　資産・負債・資本の各勘定の記入は，それぞれの勘定が，貸借対照表において，借方・貸方のどちらに表示されるかにもとづいて，決められている。また，収益・費用の各勘定の記入は，それぞれの勘定が，（　オ　）において，借方・貸方のどちらに表示されるかにもとづいて，決められている。

(5)　すべての勘定の借方に記入した金額の合計と，貸方に記入した金額の合計は，つねに等しくなる。これを（　カ　）の原理という。

ア		イ		ウ		エ	
オ		カ					

2　次の各文のうち，簿記上の取引となるものには○，取引とならないものには×を記入しなさい。

(1)　営業用に建物を 1 か月￥300,000で借りる契約をした。

(2)　現金￥500,000の出資を受け，営業を開始した。

(3)　商品￥60,000を仕入れ，代金は現金で支払った。

(4)　災害により商品￥40,000と建物￥200,000の損害を受けた。

(1)		(2)		(3)		(4)	

3　次の各勘定の（　）のなかに，増加，減少，発生のいずれかを記入しなさい。

資　　　産		負　　　債		資　　　本	
（　　　）	（　　　）	（　　　）	（　　　）	（　　　）	（　　　）

収　　　益		費　　　用	
	（　　　）	（　　　）	

4　次の取引要素の結合関係で，借方要素に結びつく貸方要素を，すべて例にならって番号で答えなさい。

（借方要素）　　　　　（貸方要素）

資 産 の 増 加　　① 資 産 の 減 少
負 債 の 減 少　　② 負 債 の 増 加
資 本 の 減 少　　③ 資 本 の 増 加
費 用 の 発 生　　④ 収 益 の 発 生

借　方　要　素	貸　方　要　素
資　産　の　増　加	例 ①　②　③　④
負　債　の　減　少	
資　本　の　減　少	
費　用　の　発　生	

5　次の取引を取引要素の結合関係を考えて分解し，4/1の例にならって記入しなさい。

4月1日　現金￥600,000を元入れして，文房具店を開業した。
　　4日　商品￥250,000を仕入れ，代金は掛けとした。
　　9日　商品￥180,000（原価￥100,000）を売り渡し，代金は掛けとした。
　　11日　備品￥120,000を購入し，代金は現金で支払った。
　　19日　銀行から￥200,000を借り入れ，利息￥8,000を差し引かれて，残額を現金で受け取った。
　　26日　買掛金￥250,000を現金で支払った。
　　30日　店舗の家賃￥30,000を現金で支払った。

	借　方　要　素			貸　方　要　素	
4/1	現　　金（資　産　の　増　加　）	600,000	資　本　金（資　本　の　増　加　）	600,000
4	（　　　の　　　）		（　　　の　　　）	
9	（　　　の　　　）		（　　　の　　　）	
			（　　　の　　　）	
11	（　　　の　　　）		（　　　の　　　）	
19	（　　　の　　　）		（　　　の　　　）	
	（　　　の　　　）			
26	（　　　の　　　）		（　　　の　　　）	
30	（　　　の　　　）		（　　　の　　　）	

6　5の取引の分解にもとづいて，勘定口座に記入しなさい。ただし，勘定口座には日付と金額を記入すること。

現　　金　　　　　　　　　　　　売　掛　金

商　　品

備　　品

買　掛　金

借　入　金

資　本　金

商　品　売　買　益

支　払　家　賃

支　払　利　息

仕訳と転記

1　次の取引の仕訳を示し，各勘定口座に転記しなさい。ただし，勘定口座には日付・相手科目・金額を記入すること。

7月1日　現金¥800,000の出資を受けて営業をはじめた。
　2日　商品陳列ケースなどの備品¥350,000を買い入れ，代金は現金で支払った。
　8日　商品¥500,000を仕入れ，代金は掛けとした。
　11日　銀行から現金¥250,000を借り入れた。
　12日　商品¥240,000（仕入価額¥160,000）を売り渡し，代金は掛けとした。
　22日　買掛金¥300,000を現金で支払った。
　25日　本月分の給料¥60,000を現金で支払った。
　29日　売掛金¥240,000を現金で受け取った。
　30日　商品¥300,000（仕入価額¥190,000）を売り渡し，代金のうち¥100,000は現金で受け取り，残額は掛けとした。
　31日　借入金¥150,000と利息¥1,000を現金で支払った。

	借　方	貸　方
7/1		
2		
8		
11		
12		
22		
25		
29		
30		
31		

現　金　　売　掛　金　　備　品　　商　品　　借　入　金　　買　掛　金　　資　本　金　　商品売買益　　給　料　　支　払　利　息

仕訳帳と総勘定元帳

1　次の取引を仕訳帳に記入し，総勘定元帳に転記しなさい。なお，仕訳帳の2ページは4月24日からの取引を記入すること。仕訳帳には小書きも示し，月末に締め切ること。

4月1日　現金￥1,000,000と備品￥250,000を元入れして開業した。

5日　埼玉商店から商品￥500,000を仕入れ，代金のうち￥200,000は現金で支払い，残額は掛けとした。

8日　茨城商店に商品￥350,000（仕入価額￥252,000）を売り渡し，代金は掛けとした。

12日　関東銀行から￥300,000を借り入れ，その利息￥10,000を差し引かれ，手取金は現金で受け取った。

19日　栃木商店に商品￥250,000（仕入価額￥180,000）を売り渡し，代金のうち￥100,000は現金で受け取り，残額は掛けとした。

24日　埼玉商店に対する買掛金￥300,000を現金で支払った。

25日　本月分の給料￥140,000を現金で支払った。

30日　茨城商店に対する売掛金￥100,000を現金で回収した。

令○	和年	摘　　要	元丁	借　方	貸　方

仕　訳　帳　　　　　　　　　　　　2

令和○年	摘　　　　　　　要	元丁	借　　　方	貸　　　方

総　勘　定　元　帳

現　　金　　　　　　　　　　1

令和○年	摘　要	仕丁	借　　方	令和○年	摘　要	仕丁	貸　　方

売　掛　金　　　　　　　　　2

商　　品　　　　　　　　　　3

備　　品　　　　　　　　　　4

買　掛　金　　　　　　　　　5

借　入　金　　　　　　　　　6

資　本　金　　　　　　　　　7

商　品　売　買　益　　　　　8

給　　料　　　　　　　　　　9

支　払　利　息　　　　　　　10

試　算　表

1　次の勘定記録から，残高試算表を作成しなさい。

現　金　1		売　掛　金　2		商　品　3	
250,000	110,000	75,000	50,000	90,000	100,000
45,000	90,000	50,000		200,000	125,000
125,000	10,000				
125,000	100,000	備　品　4		買　掛　金　5	
6,000	40,000	110,000		100,000	200,000
50,000					

借　入　金　6		資　本　金　7		商品売買益　8	
	125,000		250,000		20,000
					50,000

受取手数料　9		給　料　10		支払家賃　11	
	6,000	40,000		10,000	

残　高　試　算　表
令和○年7月31日

借　方	勘　定　科　目	貸　方

2　次の取引を勘定口座に記入し，合計残高試算表を完成しなさい。なお，勘定口座への記入は，日付と金額だけでよい。

9月1日　現金 ¥1,000,000 を元入れして営業をはじめた。

2日　備品 ¥200,000 を購入し，代金は現金で支払った。

5日　商品 ¥450,000 を仕入れ，代金のうち ¥250,000 は現金で支払い，残額は掛けとした。

7日　商品 ¥150,000（仕入価額 ¥100,000）を売り渡し，代金は掛けとした。

14日　商品売買の仲介を依頼し，手数料 ¥15,000 を現金で支払った。

15日　商品 ¥300,000（仕入価額 ¥200,000）を売り渡し，代金のうち ¥100,000 は現金で受け取り，残額は掛けとした。

20日　銀行から ¥500,000 を借り入れ，その利息 ¥15,000 を差し引かれ，手取金は現金で受け取った。

24日　買掛金の一部 ¥100,000 を現金で支払った。

25日　本月分の給料 ¥80,000 を現金で支払った。

28日　本月分の家賃￥50,000を現金で支払った。

29日　売掛金の一部￥100,000を現金で回収した。

30日　雑費￥3,000を現金で支払った。

総 勘 定 元 帳

現　　　　金　　1	売　　掛　　金　　2	商　　　　品　　3

	備　　　　品　　4	買　　掛　　金　　5

	借　　入　　金　　6	資　　本　　金　　7

商 品 売 買 益　　8	給　　　　料　　9	支 払 手 数 料　　10

支 払 家 賃　　11	雑　　　　費　　12	支 払 利 息　　13

合 計 残 高 試 算 表
令和○年9月30日

借　　　　　方		勘 定 科 目	貸　　　　　方	
残　　高	合　　計		合　　計	残　　高
		現　　　　金		
		売　　掛　　金		
		商　　　　品		
		備　　　　品		
		買　　掛　　金		
		借　　入　　金		
		資　　本　　金		
		商 品 売 買 益		
		給　　　　料		
		支 払 手 数 料		
		支 払 家 賃		
		雑　　　　費		
		支 払 利 息		

3　次の用語の英語表記を語群のなかから選び，記号で答えなさい。

① 仕　　訳　② 転　　記　③ 仕 訳 帳　④ 総勘定元帳　⑤ 試 算 表

[語群]　ア．general ledger　　イ．trial balance（T/B）　　ウ．posting

　　　　エ．journalizing　　オ．journal

①		②		③		④		⑤	

決算と精算表

1　次の各文の（　）のなかに，最も適当な語を記入しなさい。

a．簿記では，会計期間ごとの経営成績や期末の財政状態を明らかにするために，期末に総勘定元帳などの記録を整理して，帳簿を締め切り，損益計算書や貸借対照表を作成する一連の手続きを（　ア　）という。

b．残高試算表，損益計算書，貸借対照表などを一つにまとめた表を（　イ　）といい，決算手続きの全体的な流れを理解するのに役立ち，損益計算書や貸借対照表を作成する場合の基礎資料となる。

ア		イ	

2　次の元帳勘定残高によって，精算表を完成しなさい。

元帳勘定残高

現　金	¥448,000	売掛金	¥372,000	商品	¥390,000
備品	280,000	買掛金	350,000	借入金	280,000
資本金	800,000	商品売買益	454,000	受取手数料	16,000
給料	145,000	広告料	130,000	支払家賃	70,000
雑費	50,000	支払利息	15,000		

精算表
令和○年12月31日

勘定科目	残高試算表 借方	残高試算表 貸方	損益計算書 借方	損益計算書 貸方	貸借対照表 借方	貸借対照表 貸方
現　金						
売　掛　金						
商　品						
備　品						
買　掛　金						
借　入　金						
資　本　金						
商品売買益						
受取手数料						
給　料						
広　告　料						
支払家賃						
雑　費						
支払利息						
（　）						

決算の手続き

1　次の各文の（　　）のなかに，最も適当な語を記入しなさい。

a．決算の一連の手続きは，（　　ア　　）・本手続き・決算報告の順で行う。はじめの（　　ア　　）では，期中取引を記入した仕訳帳の締め切りや試算表・精算表の作成などを行う。

b．本手続きは，まず，収益・費用の各勘定残高を損益勘定に振り替える。次に，損益勘定の残高（当期純損益）を（　　イ　　）勘定に振り替え，収益・費用の各勘定と損益勘定を締め切る。最後に，資産・負債・資本の各勘定を直接締め切り，繰越記入が正しく行われているかどうかを確認するために（　　ウ　　）を作成する。

c．決算報告は，本手続きの結果を報告するために損益計算書と（　　エ　　）を作成する。

ア		イ		ウ		エ	

2　次の問を順に答えなさい。なお，決算日は12月31日とし，各勘定には日付・相手科目・金額を記入すること。

問1　下記の収益の各勘定を損益勘定に振り替える仕訳を示し，転記しなさい。

借　　　　方	貸　　　　方

問2　下記の費用の各勘定を損益勘定に振り替える仕訳を示し，転記しなさい。

借　　　　方	貸　　　　方

問3　下記の損益勘定の残高（当期純損益）を資本金勘定に振り替える仕訳を示し，転記しなさい。

借　　　　方	貸　　　　方

問4　下記の収益・費用の各勘定と損益勘定を締め切りなさい。

商　品　売　買　益	
	350,000
	220,000

受　取　手　数　料	
	27,000

給　　　　料	
180,000	
180,000	

支　払　家　賃	
85,000	

損　　　　益	

資　　本　　金	
	2,000,000

3　下記の収益および費用の勘定記録にもとづいて，決算に必要な仕訳を示し，転記し，収益・費用の各勘定と損益勘定を締め切りなさい。なお，決算日は12月31日とし，各勘定には日付・相手科目・金額を記入すること。

借　　方	貸　　方
12/31	
〃	
〃	

資　本　金	
	2,000,000

商 品 売 買 益	
	280,000

給　　料	
100,000	

損　　益	

支 払 家 賃	
50,000	

4　次の資産・負債・資本の各勘定を締め切り，繰越試算表を完成しなさい。なお，決算日は12月31日とし，各勘定には日付・相手科目・金額を記入すること。また，開始記入も示すこと。

現　　金	
780,000	467,000

売　掛　金	
817,000	389,000

商　　品	
975,000	582,000

買　掛　金	
323,000	508,000

借　入　金	
200,000	600,000

資　本　金	
	500,000
	12/31 損　益 49,000

繰 越 試 算 表
令和○年12月31日

借　　方	勘 定 科 目	貸　　方
	現　　金	
	売　掛　金	
	商　　品	
	買　掛　金	
	借　入　金	
	資　本　金	

5　岡山商店（会計期間は1月1日から12月31日まで）の損益勘定と繰越試算表は次のとおりであった。よって，損益計算書と貸借対照表を作成しなさい。

損　益　13

12/31 給　　料	256,000	12/31 商品売買益	680,000
〃 広 告 料	120,000	〃 受取手数料	50,000
〃 支払家賃	156,000		
〃 通 信 費	80,000		
〃 雑　　費	27,000		
〃 支払利息	6,000		
〃 資 本 金	85,000		
	730,000		730,000

繰　越　試　算　表
令和○年12月31日

借　方	勘定科目	貸　方
298,000	現　　金	
317,000	売 掛 金	
150,000	商　　品	
320,000	備　　品	
	買 掛 金	120,000
	借 入 金	280,000
	資 本 金	685,000
1,085,000		1,085,000

損　益　計　算　書
（　　　）商店　令和○年（　）月（　）日から　令和○年（　）月（　）日まで（単位：円）

費　用	金　額	収　益	金　額

貸　借　対　照　表
（　　　）商店　　　令和○年（　）月（　）日　　　　　（単位：円）

資　産	金　額	負債および純資産	金　額

6　沖縄商店の決算日（12月31日）における総勘定元帳の記録は下記のとおりであった。よって，
(1)　決算に必要な仕訳を示し，転記して収益・費用・損益の各勘定を締め切りなさい。
(2)　資産・負債・資本の各勘定を締め切り，繰越試算表を作成しなさい。
(3)　損益計算書と貸借対照表を作成しなさい。

　　なお，勘定には日付・相手科目・金額を記入し，資産・負債・資本の各勘定については，開始記入
も示すこと。

	借　　方	貸　　方
12/31		
〃		
〃		

総　勘　定　元　帳

現　　金	1		売　掛　金	2
1,402,000	905,000		150,000	100,000

商　　品	3		備　　品	4
580,000	350,000		220,000	

買　掛　金	5		借　入　金	6
108,000	508,000		200,000	250,000

資　本　金	7		商 品 売 買 益	8
	500,000			160,000
				180,000

受 取 手 数 料	9		給　　料	10
	12,000		138,000	
			138,000	

広　告　料　　　11		損　　　　益　　　14	
13,000			

支　払　家　賃　　　12	
15,000	

支　払　利　息　　　13	
1,000	

繰　越　試　算　表
令和○年12月31日

借　　　方	勘　定　科　目	貸　　　方
	現　　　　　金	
	売　　掛　　金	
	商　　　　　品	
	備　　　　　品	
	買　　掛　　金	
	借　　入　　金	
	資　　本　　金	

損　益　計　算　書
（　　　　　）商店　令和○年（　　　）月（　　　）日から　令和○年（　　　）月（　　　）日まで（単位：円）

費　　　用	金　　　額	収　　　益	金　　　額

貸　借　対　照　表
（　　　　　）商店　　　　令和○年（　　　）月（　　　）日　　　　（単位：円）

資　　　産	金　　　額	負債および純資産	金　　　額

現金・預金の記帳

1　次の取引の仕訳を示し，現金出納帳と当座預金出納帳に記入して締め切りなさい。なお，開始記入も行うこと。また，取引銀行とは¥500,000を限度とする当座借越契約を結んでいる。

1月10日　京都商店から商品売買の仲介手数料¥50,000を同店振り出しの小切手で受け取った。

12日　宇治家具店から陳列ケース¥200,000を買い入れ，代金は小切手♯5を振り出して支払った。

15日　奈良商店から商品¥180,000を仕入れ，代金のうち¥80,000は現金で支払い，残額は小切手♯6を振り出して支払った。

22日　滋賀商店に対する売掛金¥270,000を送金小切手で受け取った。

24日　兵庫商店に対する売掛金¥210,000を同店振り出しの小切手で受け取り，ただちに当座預金に預け入れた。

25日　本月分の給料¥130,000を現金で支払った。

26日　和歌山商店に対する買掛金¥240,000を小切手♯7を振り出して支払った。

	借　　方	貸　　方
1/10		
12		
15		
22		
24		
25		
26		

現　金　出　納　帳　　　　1

令○年	和年	摘　要	収　入	支　出	残　高
1	1	前月繰越	125,000		125,000

当　座　預　金　出　納　帳　　　　1

令○年	和年	摘　要	預　入	引　出	借または貸	残　高
1	1	前月繰越	240,000		借	240,000

2　次の取引の仕訳を示しなさい。

3月1日　定額資金前渡法により，庶務係に小切手￥15,000を振り出して前渡しした。

31日　庶務係から3月中の小口現金の支払いについて，次の報告があった。

交通費　￥5,600　　消耗品費　￥4,200　　雑費　￥3,900

〃日　上記の報告と同額の小切手を振り出して，小口現金を補給した。

	借　　　　方	貸　　　　方
3／1		
31		
〃		

3　次の小口現金出納帳を完成しなさい。

小　口　現　金　出　納　帳　　　　　　　　　1

受　入	令○	和年	摘　　要	支　払	交通費	通信費	消耗品費	雑費	残　高
20,000	6	1	前　月　繰　越						20,000
		3	タ ク シ ー 代	2,100					
		10	インターネット回線使用料	5,800					
		12	コ ピ ー 用 紙 代	3,540					
		21	郵 便 料 金	1,900					
		25	新 聞 購 読 料	2,800					
		29	電 車 賃	1,060					
			合　　計	17,200					
		30	小 切 手						
		〃	次 月 繰 越						
	7	1	前 月 繰 越						

4　次の取引の仕訳を示しなさい。

(1)　3月末に現金の実際有高を調べたところ，帳簿残高より￥5,200不足していた。

(2)　上記の不足額は，調査の結果，交通費￥5,200の記入もれであることがわかった。

(3)　4月末に現金の実際有高を調べたところ，帳簿残高より￥2,300多かった。

(4)　上記の過剰額は，調査の結果，受取利息￥2,300の記入もれであることがわかった。

(5)　南西銀行に現金￥300,000を定期預金として預け入れた。

(6)　定期預金￥300,000が満期となったので，利息￥6,000とともに普通預金とした。

	借　　　　方	貸　　　　方
(1)		
(2)		
(3)		
(4)		
(5)		
(6)		

商品売買の記帳

1　次の用語の英語表記を語群のなかから選び，記号で答えなさい。
① 仕 入 帳 ② 売 上 帳 ③ 売 上 原 価 ④ 商品有高帳 ⑤ 移動平均法
　[語群]　ア．stock ledger　　イ．sales book　　　　ウ．cost of goods sold
　　　　　エ．purchases book　オ．moving average method

①		②		③		④		⑤	

2　次の取引の仕訳を示し，仕入帳に記入して締め切りなさい。ただし，商品に関する記帳は 3 分法によること。

1 月 9 日　山口商店から次の商品を仕入れ，代金のうち¥100,000は小切手を振り出して支払い，残額は掛けとした。
　　　　　A 品　　300個　　　@¥500　　¥150,000
　　　　　B 品　　400 〃　　　〃 〃400　　¥160,000

16日　広島商店から次の商品を仕入れ，代金は掛けとした。なお，引取運賃¥2,000は現金で支払った。
　　　　　C 品　　600個　　　@¥300　　¥180,000

17日　広島商店から仕入れた上記商品について，次のとおり返品した。なお，この代金は買掛金から差し引くことにした。
　　　　　C 品　　10個　　　@¥300　　¥　3,000

25日　岡山商店から次の商品を仕入れ，代金は現金で支払った。
　　　　　D 品　　700個　　　@¥200　　¥140,000

	借　　　方	貸　　　方
1/9		
16		
17		
25		

仕　　入　　帳　　　　　　　1

令和○年	摘　　　　　要	内　訳	金　額

3　次の取引の仕訳を示し，売上帳に記入して締め切りなさい。ただし，商品に関する記帳は 3 分法によること。

1 月14日　千葉商店に次の商品を売り渡し，代金は同店振り出しの小切手で受け取った。なお，発送費 ¥1,000 は現金で支払った。
　　　　　　A 品　　200個　　　@¥750　　¥150,000
　　16日　茨城商店に次の商品を売り渡し，代金は掛けとした。
　　　　　　A 品　　300個　　　@¥750　　¥225,000
　　　　　　B 品　　250〃　　　〃〃400　　¥100,000
　　19日　茨城商店に売り渡した上記商品の一部について，次のとおり返品された。なお，この代金は売掛金から差し引くことにした。
　　　　　　B 品　　20個　　　@¥400　　¥ 8,000

	借　　方	貸　　方
1/14		
16		
19		

売　　上　　帳　　　　　　1

令和○年	摘　　要	内　訳	金　額

4　次の計算式の（　）のなかに適当な語を記入しなさい。

総売上高－売上返品高＝（　ア　）
（　イ　）－仕入返品高＝純仕入高

(1) 期首商品棚卸高＋純仕入高－（　ウ　）＝売上原価
(2) 純売上高－（　エ　）＝商品売買益

ア		イ		ウ		エ	

5　次の表の空欄に入る適当な金額を計算しなさい。

	期首商品棚卸高	総仕入高	仕入返品高	期末商品棚卸高	売上原価	総売上高	売上返品高	商品売買益
①	120	960	15	140		1,295	5	
②	150	1,200	10		1,170	1,638	30	
③		1,440	20	200		1,960	10	550
④	130	1,040		160	1,005	1,407	45	
⑤	190		25	210	1,475		25	565

6 次の取引によりA品についての商品有高帳を(1)先入先出法と(2)移動平均法によって記帳し，締め切りなさい。なお，開始記入も示すこと。

1月9日　兵庫商店からA品　200個　@¥400　¥80,000を掛けで仕入れた。

11日　滋賀商店からA品　500個　@¥420　¥210,000を掛けで仕入れた。

18日　奈良商店にA品　800個　@¥540　¥432,000を掛けで売り渡した。

25日　京都商店からA品　300個　@¥430　¥129,000を掛けで仕入れた。

29日　鳥取商店にA品　200個　@¥540　¥108,000を掛けで売り渡した。

(1)

商　品　有　高　帳

（先入先出法）　品名　A　品　単位：個

令和○年		摘　要	受　　入			払　　出			残　　高		
			数量	単価	金　額	数量	単価	金　額	数量	単価	金　額
1	1	前月繰越	300	400	120,000				300	400	120,000

(2)

商　品　有　高　帳

（移動平均法）　品名　A　品　単位：個

令和○年		摘　要	受　　入			払　　出			残　　高		
			数量	単価	金　額	数量	単価	金　額	数量	単価	金　額
1	1	前月繰越	300	400	120,000				300	400	120,000

7 **6**の取引よりA品の1月中の売上高・売上原価・商品売買益を(1)先入先出法と(2)移動平均法によって計算しなさい。

	売　上　高	売　上　原　価	商　品　売　買　益
(1)　先入先出法	¥	¥	¥
(2)　移動平均法	¥	¥	¥

掛け取引の記帳

1 次の各文の（　）のなかに，最も適当な語を記入しなさい。

a．商品を掛けで売買したときは，売掛金勘定や買掛金勘定に記入するが，この記入だけでは，得意先ごとや仕入先ごとの増減や残高を把握することはできない。そこで，各得意先や各仕入先の氏名や商店名などを用いた（　ア　）勘定を補助簿として，売掛金勘定には売掛金元帳，買掛金勘定には買掛金元帳を設ける。この場合，売掛金勘定や買掛金勘定は，補助簿である売掛金元帳や買掛金元帳の記入内容をまとめてあらわしているので（　イ　）勘定という。

b．得意先の倒産やその他の原因で，売掛金が回収できなくなることを（　ウ　）という。

ア		イ		ウ	

2 次の取引の仕訳を示し，売掛金勘定に転記しなさい。また，売掛金元帳に記入して締め切りなさい。

　　ただし，ⅰ　商品に関する記帳は 3 分法によること。

　　　　　　ⅱ　勘定口座への記入は日付・相手科目・金額を示すこと。

　　　　　　ⅲ　売掛金元帳は開始記入も示すこと。

1 月15日　高知商店に対する売掛金の一部 ¥100,000 を現金で回収した。

　　20日　岡山商店に商品 ¥170,000 を売り渡し，代金は掛けとした。

　　22日　岡山商店に売り渡した上記商品の一部 ¥15,000 の返品を受けた。

　　30日　高知商店に商品 ¥250,000 を売り渡し，代金のうち ¥50,000 は現金で受け取り，残額は掛けとした。

	借　　方	貸　　方
1/15		
20		
22		
30		

総　勘　定　元　帳
売　　掛　　金　　　　　4

1／1 前期繰越	460,000		

売　掛　金　元　帳

		岡　山　商　店				1
令和○年		摘　要	借　方	貸　方	借または貸	残　高
1	1	前月繰越	120,000		借	120,000

		高　知　商　店				2
令和○年		摘　要	借　方	貸　方	借または貸	残　高
1	1	前月繰越	340,000		借	340,000

3　　次の取引の仕訳を示し，買掛金勘定に転記しなさい。また，買掛金元帳に記入して締め切りなさい。
　　ただし，　ⅰ　商品に関する記帳は 3 分法によること。
　　　　　　　ⅱ　勘定口座への記入は日付・相手科目・金額を示すこと。
　　　　　　　ⅲ　買掛金元帳は開始記入も示すこと。

1月4日　石川商店から商品 ¥260,000 を仕入れ，代金は掛けとした。
　　5日　石川商店から仕入れた上記商品の一部 ¥4,000 を返品した。
　　11日　福井商店に対する買掛金 ¥250,000 を小切手を振り出して支払った。
　　19日　福井商店から商品 ¥325,000 を仕入れ，代金のうち ¥25,000 は現金で支払い，残額は掛けとした。

	借　　　　方	貸　　　　方
1/4		
5		
11		
19		

総　勘　定　元　帳

買　　掛　　金　　　　　　10

		1/1 前期繰越 390,000

買　掛　金　元　帳

	石　川　商　店					1		福　井　商　店					2
令和○年	摘　　要	借　方	貸　方	借または貸	残　高		令和○年	摘　　要	借　方	貸　方	借または貸	残　高	
1 1	前月繰越		90,000	貸	90,000		1 1	前月繰越		300,000	貸	300,000	

4　　次の資料によって，売掛金勘定の期末残高を計算しなさい。

資　料
　ⅰ　期中総売上高 ¥5,960,000
　　　（内訳：現金受取額 ¥1,100,000　小切手受取額 ¥2,030,000　　掛け ¥2,830,000）
　ⅱ　期中売上返品高　¥50,000（すべて掛け）
　ⅲ　売掛金回収高 ¥2,720,000
　　　（内訳：現金受取額 ¥1,020,000　小切手受取額 ¥1,700,000）
　ⅳ　売掛金勘定の前期繰越高　¥450,000

¥

長期休暇演習ノート簿記１

［解 答 編］

実教出版

簿記の基礎と資産・負債・純資産と貸借対照表（p.1～2）

1

ア	記　　　　録	イ	計　　　算	ウ	整　　　理	エ	財 政 状 態
オ	経 営 成 績	カ	会 計 単 位	キ	会 計 期 間	ク	貨幣金額表示

2

　　A 群　　B 群
① (c) (ア)
② (i) (イ)
③ (f) (ア)
④ (j) (ウ)
⑤ (e) (ア)
⑥ (a) (ア)
⑦ (h) (イ)
⑧ (b) (ア)
⑨ (g) (ア)
⑩ (d) (ア)

3

ア	資　　　　産	イ	負　　　債	ウ	資　　　　本	エ	期 末 資 本

4

	期		首	期		末	純利益
	資 産	負 債	資 本	資 産	負 債	資 本	純損失(-)
①	500	300	200	700	400	300	100
②	650	420	230	690	440	250	20
③	840	510	330	930	630	300	−30
④	380	280	100	410	250	160	60
⑤	540	210	330	610	330	280	−50
⑥	260	180	80	320	200	120	40

5

貸 借 対 照 表
(関 東)商店　　令和○年 (1) 月 (1) 日　　　　(単位：円)

資　　産	金　　　額	負債および純資産	金　　　額
現　　　金	120,000	買　掛　金	170,000
売　掛　金	160,000	借　入　金	180,000
商　　　品	230,000	資　本　金	300,000
備　　　品	140,000		
	650,000		650,000

6

貸 借 対 照 表
(関 東)商店　　令和○年 (12) 月 (31) 日　　　　(単位：円)

資　　産	金　　　額	負債および純資産	金　　　額
現　　　金	100,000	買　掛　金	160,000
売　掛　金	210,000	借　入　金	220,000
商　　　品	180,000	資　本　金	300,000
備　　　品	240,000	当期純利益	50,000
	730,000		730,000

7

期首資産 ¥5,500,000	期首負債 ¥1,500,000	期首資本 ¥4,000,000
期末資産 ¥5,970,000	期末負債 ¥1,750,000	期末資本 ¥4,220,000
財産法の計算による当期純損益 ¥220,000		

収益・費用と損益計算書（p.3～4）

1

　　A 群　　B 群
① (k) (イ)
② (d) (イ)
③ (a) (ア)
④ (h) (イ)
⑤ (j) (イ)
⑥ (f) (イ)
⑦ (c) (ア)
⑧ (i) (イ)
⑨ (e) (イ)
⑩ (b) (ア)
⑪ (g) (イ)

2

ア	収　　　　益	イ	費　　　　用

	期首 資産	負債	資本	期末 資産	負債	資本	収益	費用	純損益
①	600	**300**	300	**900**	500	**400**	720	620	**100**
②	**750**	520	**230**	790	**440**	350	**520**	400	120
③	**840**	510	330	930	630	**300**	800	**830**	**−30**
④	480	**160**	**320**	410	150	260	**480**	540	−60

④

損 益 計 算 書

（関 東）商店　令和○年(1)月(1)日から　令和○年(12)月(31)日まで　　　（単位：円）

費　用	金　　額	収　益	金　　額
給　　料	210,000	商品売買益	440,000
広 告 料	180,000		
当期純利益	50,000		
	440,000		440,000

⑤

損 益 計 算 書

（信 越）商店　令和○年(1)月(1)日から　令和○年(12)月(31)日まで　　　（単位：円）

費　用	金　　額	収　益	金　　額
給　　料	65,000	商品売買益	98,000
広 告 料	10,000	受取手数料	57,000
支 払 家 賃	25,000	受取利息	25,000
雑　　費	5,000		
支 払 利 息	15,000		
当期純利益	60,000		
	180,000		180,000

貸 借 対 照 表

（信 越）商店　令和○年(12)月(31)日　　　（単位：円）

資　産	金　　額	負債および純資産	金　　額
現　　金	30,000	買 掛 金	174,000
売 掛 金	186,000	借 入 金	40,000
商　　品	108,000	資 本 金	100,000
備　　品	50,000	当期純利益	60,000
	374,000		374,000

⑥

①	ウ	②	イ	③	キ	④	エ	⑤	カ
⑥	ク	⑦	オ	⑧	ア	⑨	ケ		

取引と勘定（p.5〜6）

①

ア	取　　引	イ	勘 定 科 目	ウ	借　　方	エ	貸　　方
オ	損益計算書	カ	貸借平均				

②

(1)	×	(2)	○	(3)	○	(4)	○

③

資　産		負　債		資　本	
（増加）	（減少）	（減少）	（増加）	（減少）	（増加）

収　益		費　用	
	（発生）	（発生）	

④

借方要素	貸方要素
資 産 の 増 加	例　① 　② 　③ 　④
負 債 の 減 少	① 　② 　③ 　④
資 本 の 減 少	① 　② 　③
費 用 の 発 生	① 　②

⑤

	借方要素		貸方要素	
4/1	現　　　金（資産の増加）	600,000	資 本 金（資本の増加）	600,000
4	商　　　品（資産の増加）	250,000	買 掛 金（負債の増加）	250,000
9	売 掛 金（資産の増加）	180,000	商　　品（資産の減少）	100,000
			商品売買益（収益の発生）	80,000
11	備　　　品（資産の増加）	120,000	現　　金（資産の減少）	120,000
19	現　　　金（資産の増加）	192,000	借 入 金（負債の増加）	200,000
	支 払 利 息（費用の発生）	8,000		
26	買 掛 金（負債の減少）	250,000	現　　金（資産の減少）	250,000
30	支 払 家 賃（費用の発生）	30,000	現　　金（資産の減少）	30,000

⑥

	現		金	
4/1	600,000	4/11	120,000	
19	192,000	26	250,000	
		30	30,000	

	売		掛	金
4/9	180,000			

	商		品	
4/4	250,000	4/9	100,000	

	備		品	
4/11	120,000			

	買		掛	金
4/26	250,000	4/4	250,000	

	借		入	金
		4/19	200,000	

	資		本	金
		4/1	600,000	

	商 品 売 買 益			
		4/9	80,000	

	支 払 家 賃			
4/30	30,000			

	支 払 利 息			
4/19	8,000			

仕訳と転記（p.7）

①

	借　　　方		貸　　　方	
7/1	現　　　金	800,000	資　本　金	800,000
2	備　　　品	350,000	現　　金	350,000
8	商　　　品	500,000	買　掛　金	500,000
11	現　　　金	250,000	借　入　金	250,000
12	売 掛 金	240,000	商　　品	160,000
			商品売買益	80,000
22	買 掛 金	300,000	現　　金	300,000
25	給　　　料	60,000	現　　金	60,000
29	現　　　金	240,000	売　掛　金	240,000
30	現　　　金	100,000	商　　品	190,000
	売 掛 金	200,000	商品売買益	110,000
31	借 入 金	150,000	現　　金	151,000
	支 払 利 息	1,000		

現　金

7/1	資　本　金	800,000	7/2	備　品	350,000
11	借　入　金	250,000	22	買　掛　金	300,000
29	売　掛　金	240,000	25	給　料	60,000
30	諸　口	100,000	31	諸　口	151,000

売　掛　金

7/12	諸　口	240,000	7/29	現　金	240,000
30	諸　口	200,000			

商　品

7/8	買　掛　金	500,000	7/12	売　掛　金	160,000
			30	諸　口	190,000

備　品

7/2	現　金	350,000

買　掛　金

7/22	現　金	300,000	7/8	商　品	500,000

借　入　金

7/31	現　金	150,000	7/11	現　金	250,000

資　本　金

	7/1 現　金	800,000

商　品　売　買　益

	7/12 売　掛　金	80,000
	30 諸　口	110,000

給　料

7/25	現　金	60,000

支　払　利　息

7/31	現　金	1,000

仕訳帳と総勘定元帳（p.8～9）

1

仕　訳　帳　　1

令和○年	摘　　要	元丁	借　方	貸　方
4 1	現　金	1	1,000,000	
	備　品	4	250,000	
	資　本　金	7		1,250,000
	元入れ開業			
5	商　品	3	500,000	
	現　金	1		200,000
	買　掛　金	5		300,000
	埼玉商店から仕入れ			
8	売　掛　金	2	350,000	
	商　品	3		252,000
	商品売買益	8		98,000
	茨城商店に売り渡し			
12	現　金	1	290,000	
	支払利息	10	10,000	
	借　入　金	6		300,000
	関東銀行から借り入れ			
19	現　金	1	100,000	
	売　掛　金	2	150,000	
	商　品	3		180,000
	商品売買益	8		70,000
	栃木商店に売り渡し			
	次ページへ		2,650,000	2,650,000

仕　訳　帳　　2

令和○年	摘　　要	元丁	借　方	貸　方
	前ページから		2,650,000	2,650,000
4 24	買　掛　金	5	300,000	
	現　金	1		300,000
	埼玉商店に支払い			
25	給　料	9	140,000	
	現　金	1		140,000
	4月分給料支払い			
30	現　金	1	100,000	
	売　掛　金	2		100,000
	茨城商店から回収			
			3,190,000	3,190,000

総　勘　定　元　帳

現　金　　1

令和○年	摘要	仕丁	借　方	令和○年	摘要	仕丁	貸　方
4 1	資本金	1	1,000,000	4 5	商品	1	200,000
12	借入金	1〃	290,000	24	買掛金	1〃	300,000
19	諸口	1〃	100,000	25	給料	1〃	140,000
30	売掛金	2	100,000				

売　掛　金　　2

令和○年	摘要	仕丁	借　方	令和○年	摘要	仕丁	貸　方
4 8	諸口	1	350,000	4 30	現金	2	100,000
19	諸口	1〃	150,000				

商　品　　3

令和○年	摘要	仕丁	借　方	令和○年	摘要	仕丁	貸　方
4 5	諸口	1	500,000	4 8	売掛金	1	252,000
				19	諸口	1〃	180,000

備　品　　4

令和○年	摘要	仕丁	借　方				
4 1	資本金	1	250,000				

買　掛　金　　5

令和○年	摘要	仕丁	借　方	令和○年	摘要	仕丁	貸　方
4 24	現金	2	300,000	4 5	商品	1	300,000

借　入　金　　6

				令和○年	摘要	仕丁	貸　方
				4 12	諸口	1	300,000

資　本　金　　7

				令和○年	摘要	仕丁	貸　方
				4 1	諸口	1	1,250,000

商　品　売　買　益　　8

				令和○年	摘要	仕丁	貸　方
				4 8	売掛金	1	98,000
				19	諸口	1〃	70,000

給　料　　9

令和○年	摘要	仕丁	借　方				
4 25	現金	2	140,000				

支　払　利　息　　10

令和○年	摘要	仕丁	借　方				
4 12	借入金	1	10,000				

試　算　表（p.10～11）

1

残　高　試　算　表
令和○年7月31日

借　方	勘　定　科　目	貸　方
251,000	現　　　金	
75,000	売　掛　金	
65,000	商　　　品	
110,000	備　　　品	
	買　掛　金	100,000
	借　入　金	125,000
	資　本　金	250,000
	商品売買益	70,000
	受取手数料	6,000
40,000	給　　　料	
10,000	支払家賃	
551,000		551,000

2

総　勘　定　元　帳

現　　金　1

9/1	1,000,000	9/2	200,000
15	100,000	5	250,000
20	485,000	14	15,000
29	100,000	24	100,000
		25	80,000
		28	50,000
		30	3,000

売　掛　金　2

9/7	150,000	9/29	100,000
15	200,000		

商　　品　3

9/5	450,000	9/7	100,000
		15	200,000

備　　品　4

9/2	200,000		

買　掛　金　5

9/24	100,000	9/5	200,000

借　入　金　6

		9/20	500,000

資　本　金　7

		9/1	1,000,000

商　品　売　買　益　8

		9/7	50,000
		15	100,000

給　　料　9

9/25	80,000		

支　払　手　数　料　10

9/14	15,000		

支　払　家　賃　11

9/28	50,000		

雑　　費　12

9/30	3,000		

支　払　利　息　13

9/20	15,000		

合　計　残　高　試　算　表
令和○年 9 月30日

借　　方		勘 定 科 目	貸　　方	
残　高	合　計		合　計	残　高
987,000	1,685,000	現　　　　金	698,000	
250,000	350,000	売　　掛　　金	100,000	
150,000	450,000	商　　　　品	300,000	
200,000	200,000	備　　　　品		
	100,000	買　　掛　　金	200,000	100,000
		借　　入　　金	500,000	500,000
		資　　本　　金	1,000,000	1,000,000
		商　品　売　買　益	150,000	150,000
80,000	80,000	給　　　　料		
15,000	15,000	支　払　手　数　料		
50,000	50,000	支　払　家　賃		
3,000	3,000	雑　　　　費		
15,000	15,000	支　払　利　息		
1,750,000	2,948,000		2,948,000	1,750,000

3

①	エ	②	ウ	③	オ	④	ア	⑤	イ

決算と精算表 （p.12）

1

ア	決　　算	イ	精　算　表

2

精　算　表
令和○年12月31日

勘 定 科 目	残　高　試　算　表		損　益　計　算　書		貸　借　対　照　表	
	借　　方	貸　　方	借　　方	貸　　方	借　　方	貸　　方
現　　　　金	448,000				448,000	
売　　掛　　金	372,000				372,000	
商　　　　品	390,000				390,000	
備　　　　品	280,000				280,000	
買　　掛　　金		350,000				350,000
借　　入　　金		280,000				280,000
資　　本　　金		800,000				800,000
商　品　売　買　益		454,000		454,000		
受　取　手　数　料		16,000		16,000		
給　　　　料	145,000		145,000			
広　　告　　料	130,000		130,000			
支　払　家　賃	70,000		70,000			
雑　　　　費	50,000		50,000			
支　払　利　息	15,000		15,000			
（当期純利益）			60,000			60,000
	1,900,000	1,900,000	470,000	470,000	1,490,000	1,490,000

決算の手続き（p.13～17）

1

ア	予備手続き	イ	資 本 金	ウ	繰越試算表	エ	貸借対照表

2

問1

借 方		貸 方	
商品売買益	570,000	損　　　益	597,000
受取手数料	27,000		

問2

借 方		貸 方	
損　　　益	445,000	給　　　料	360,000
		支 払 家 賃	85,000

問3

借 方		貸 方	
損　　　益	152,000	資 本 金	152,000

問4

商 品 売 買 益

12/31 損益	570,000		350,000
			220,000
	570,000		570,000

受 取 手 数 料

12/31 損益	27,000		27,000

給　　　料

	180,000	12/31 損益	360,000
	180,000		
	360,000		360,000

支 払 家 賃

	85,000	12/31 損益	85,000

損　　　益

12/31 給料	360,000	12/31 商品売買益	570,000
〃 支払家賃	85,000	〃 受取手数料	27,000
〃 資本金	152,000		
	597,000		597,000

資　本　金

			2,000,000
		12/31 損益	152,000

3

	借 方		貸 方	
12/31	商品売買益	280,000	損　　　益	280,000
〃	損　　　益	150,000	給　　　料	100,000
			支 払 家 賃	50,000
〃	損　　　益	130,000	資 本 金	130,000

資　本　金

			2,000,000
		12/31 損益	130,000

商 品 売 買 益

12/31 損益	280,000		280,000

給　　　料

	100,000	12/31 損益	100,000

支 払 家 賃

	50,000	12/31 損益	50,000

損　　　益

12/31 給料	100,000	12/31 商品売買益	280,000
〃 支払家賃	50,000		
〃 資本金	130,000		
	280,000		280,000

4

現　　　金

	780,000		467,000
		12/31 次期繰越	313,000
	780,000		780,000
1/1 前期繰越	313,000		

売　掛　金

	817,000		389,000
		12/31 次期繰越	428,000
	817,000		817,000
1/1 前期繰越	428,000		

商　　　品

	975,000		582,000
		12/31 次期繰越	393,000
	975,000		975,000
1/1 前期繰越	393,000		

買　掛　金

	323,000		508,000
12/31 次期繰越	185,000		
	508,000		508,000
		1/1 前期繰越	185,000

借　入　金

	200,000		600,000
12/31 次期繰越	400,000		
	600,000		600,000
		1/1 前期繰越	400,000

資　本　金

			500,000
12/31 次期繰越	549,000	12/31 損益	49,000
	549,000		549,000
		1/1 前期繰越	549,000

繰越試算表
令和○年12月31日

借　方	勘定科目	貸　方
313,000	現　　　金	
428,000	売　掛　金	
393,000	商　　　品	
	買　掛　金	185,000
	借　入　金	400,000
	資　本　金	549,000
1,134,000		1,134,000

⑤
損益計算書
(岡　山)商店　令和○年(1)月(1)日から令和○年(12)月(31)日まで (単位：円)

費　用	金　額	収　益	金　額
給　　料	256,000	商品売買益	680,000
広　告　料	120,000	受取手数料	50,000
支　払　家　賃	156,000		
通　信　費	80,000		
雑　　費	27,000		
支　払　利　息	6,000		
当期純利益	85,000		
	730,000		730,000

貸借対照表
(岡　山)商店　令和○年(12)月(31)日　(単位：円)

資　産	金　額	負債および純資産	金　額
現　　金	298,000	買　掛　金	120,000
売　掛　金	317,000	借　入　金	280,000
商　　品	150,000	資　本　金	600,000
備　　品	320,000	当期純利益	85,000
	1,085,000		1,085,000

⑥

	借　　方		貸　　方	
12/31	商品売買益	340,000	損　　益	352,000
	受取手数料	12,000		
	損　　益	305,000	給　　料	276,000
			広　告　料	13,000
〃			支　払　家　賃	15,000
			支　払　利　息	1,000
〃	損　　益	47,000	資　本　金	47,000

総勘定元帳

現　金　1

	1,402,000		905,000
		12/31 次期繰越	497,000
	1,402,000		1,402,000
1/1 前期繰越	497,000		

売　掛　金　2

	150,000		100,000
		12/31 次期繰越	50,000
	150,000		150,000
1/1 前期繰越	50,000		

商　品　3

	580,000		350,000
		12/31 次期繰越	230,000
	580,000		580,000
1/1 前期繰越	230,000		

備　品　4

	220,000	12/31 次期繰越	220,000
1/1 前期繰越	220,000		

買　掛　金　5

	108,000		508,000
12/31 次期繰越	400,000		
	508,000		508,000
		1/1 前期繰越	400,000

借　入　金　6

	200,000		250,000
12/31 次期繰越	50,000		
	250,000		250,000
		1/1 前期繰越	50,000

資　本　金　7

12/31 次期繰越	547,000		500,000
		12/31 損　益	47,000
	547,000		547,000
		1/1 前期繰越	547,000

商　品　売　買　益　8

12/31 損　益	340,000		160,000
			180,000
	340,000		340,000

受　取　手　数　料　9

12/31 損　益	12,000		12,000

給　料　10

	138,000	12/31 損　益	276,000
	138,000		
	276,000		276,000

広　告　料　11

	13,000	12/31 損　益	13,000

支　払　家　賃　12

	15,000	12/31 損　益	15,000

支　払　利　息　13

	1,000	12/31 損　益	1,000

損　益　14

12/31	給　料	276,000	12/31	商品売買益	340,000
〃	広　告　料	13,000	〃	受取手数料	12,000
〃	支払家賃	15,000			
〃	支払利息	1,000			
〃	資本金	47,000			
		352,000			352,000

繰越試算表
令和○年12月31日

借　方	勘定科目	貸　方
497,000	現　　　金	
50,000	売　掛　金	
230,000	商　　　品	
220,000	備　　　品	
	買　掛　金	400,000
	借　入　金	50,000
	資　本　金	547,000
997,000		997,000

損益計算書
(沖　縄)商店　令和○年(1)月(1)日から令和○年(12)月(31)日まで　(単位：円)

費　用	金　額	収　益	金　額
給　　料	276,000	商品売買益	340,000
広　告　料	13,000	受取手数料	12,000
支　払　家　賃	15,000		
支　払　利　息	1,000		
当期純利益	47,000		
	352,000		352,000

貸借対照表

(沖 縄)商店　令和○年 (12) 月 (31) 日　　(単位：円)

資　産	金　額	負債および純資産	金　額
現　　金	497,000	買 掛 金	400,000
売 掛 金	50,000	借 入 金	50,000
商　　品	230,000	資 本 金	500,000
備　　品	220,000	当期純利益	47,000
	997,000		997,000

現金・預金の記帳（p.18〜19）

① 1

	借 方		貸 方	
1/10	現　　金	50,000	受 取 手 数 料	50,000
12	備　　品	200,000	当 座 預 金	200,000
15	商　　品	180,000	現　　金	80,000
			当 座 預 金	100,000
22	現　　金	270,000	売 掛 金	270,000
24	当 座 預 金	210,000	売 掛 金	210,000
25	給　　料	130,000	現　　金	130,000
26	買 掛 金	240,000	当 座 預 金	240,000

現 金 出 納 帳　　　　1

令和○年		摘　　要	収　入	支　出	残　高
1	1	前月繰越	125,000		125,000
	10	京都商店から仲介手数料受け取り	50,000		175,000
	15	奈良商店から商品仕入れ		80,000	95,000
	22	滋賀商店から売掛金回収	270,000		365,000
	25	本月分給料支払い		130,000	235,000
	31	**次月繰越**		235,000	
			445,000	445,000	
2	1	前月繰越	235,000		235,000

当 座 預 金 出 納 帳　　　　1

令和○年		摘　　要	預　入	引　出	借または貸	残　高
1	1	前月繰越	240,000		借	240,000
	12	宇治家具店から商品陳列ケース購入　小切手＃5		200,000	〃	40,000
	15	奈良商店から商品仕入れ　小切手＃6		100,000	貸	60,000
	24	兵庫商店から売掛金回収	210,000		借	150,000
	26	和歌山商店に買掛金支払い　小切手＃7		240,000	貸	90,000
	31	**次月繰越**	90,000			
			540,000	540,000		
2	1	前月繰越		90,000	貸	90,000

②

	借 方		貸 方	
3/1	小 口 現 金	15,000	当 座 預 金	15,000
	交 通 費	5,600	小 口 現 金	13,700
31	消 耗 品 費	4,200		
	雑　　費	3,900		
〃	小 口 現 金	13,700	当 座 預 金	13,700

③

受　入	令和○年		摘　　要	支　払	交通費	通信費	消耗品費	雑　費	残　高
20,000	6	1	前 月 繰 越						20,000
		3	タ ク シ ー 代	2,100	2,100				17,900
		10	インターネット回線使用料	5,800		5,800			12,100
		12	コ ピ ー 用 紙 代	3,540			3,540		8,560
		21	郵 便 料 金	1,900		1,900			6,660
		25	新 聞 購 読 料	2,800				2,800	3,860
		29	電 車 賃	1,060	1,060				2,800
			合　　計	17,200	3,160	7,700	3,540	2,800	
17,200		30	小 切 手						20,000
		〃	次 月 繰 越	20,000					
37,200				37,200					
20,000	7	1	前 月 繰 越						20,000

④

	借　　方		貸　　方	
(1)	現 金 過 不 足	5,200	現　　　金	5,200
(2)	交　通　費	5,200	現 金 過 不 足	5,200
(3)	現　　　金	2,300	現 金 過 不 足	2,300
(4)	現 金 過 不 足	2,300	受 取 利 息	2,300
(5)	定 期 預 金	300,000	現　　　金	300,000
(6)	普 通 預 金	306,000	定 期 預 金	300,000
			受 取 利 息	6,000

商品売買の記帳（p.20〜22）

①

①	エ	②	イ	③	ウ	④	ア	⑤	オ

②

	借　　方		貸　　方	
1/9	仕　　　入	310,000	当 座 預 金	100,000
			買 掛 金	210,000
16	仕　　　入	182,000	買 掛 金	180,000
			現　　　金	2,000
17	買 掛 金	3,000	仕　　　入	3,000
25	仕　　　入	140,000	現　　　金	140,000

令和○年		摘　　要		内　訳	金　額
1	9	山 口 商 店　　　小切手・掛け			
		A 品　　300個　@￥500		150,000	
		B 品　　400〃　〃〃400		160,000	310,000
	16	広 島 商 店　　　掛 け			
		C 品　　600個　@￥300		180,000	
		引取運賃現金払い		2,000	182,000
	17	**広 島 商 店**　　　掛け返品			
		C 品　　10個　@￥300			3,000
	25	岡 山 商 店　　　現 金			
		D 品　　700個　@￥200			140,000
	31	総 仕 入 高			632,000
	〃	**仕入返品高**			3,000
		純 仕 入 高			629,000

③

	借　　方		貸　　方	
1/14	現　　　金	150,000	売　　　上	150,000
	発　送　費	1,000	現　　　金	1,000
16	売 掛 金	325,000	売　　　上	325,000
19	売　　　上	8,000	売 掛 金	8,000

売　上　帳　　1

令和○年		摘　　　　　　　　　　　要	内　訳	金　額
1	14	千 葉 商 店　　　　　小切手		
		A 品　　200個　@¥750		150,000
	16	茨 城 商 店　　　　　掛　け		
		A 品　　300個　@¥750	225,000	
		B 品　　250〃　〃〃400	100,000	325,000
	19	茨 城 商 店　　　　掛け返品		
		B 品　　20個　@¥400		8,000
	31	総売上高		475,000
	〃	売上返品高		8,000
		純売上高		467,000

4

ア	純 売 上 高	イ	総 仕 入 高	ウ	期末商品棚卸高	エ	売 上 原 価

5

	期首商品棚卸高	総 仕 入 高	仕入返品高	期末商品棚卸高	売 上 原 価	総 売 上 高	売上返品高	商品売買益
①	120	960	15	140	925	1,295	5	365
②	150	1,200	10	170	1,170	1,638	30	438
③	180	1,440	20	200	1,400	1,960	10	550
④	130	1,040	5	160	1,005	1,407	45	357
⑤	190	1,520	25	210	1,475	2,065	25	565

6 (1)

商　品　有　高　帳
(先入先出法)　　品名　A　　品　　　　　　　　　　　　　　　　　単位：個

令和○年		摘　　　　要	受　入 数量	単価	金額	払　出 数量	単価	金額	残　高 数量	単価	金額
1	1	前 月 繰 越	300	400	120,000				300	400	120,000
	9	兵 庫 商 店	200	400	80,000				500	400	200,000
	11	滋 賀 商 店	500	420	210,000				{ 500	400	200,000
									500	420	210,000 }
	18	奈 良 商 店				{ 500	400	200,000			
						300	420	126,000 }	200	420	84,000
	25	京 都 商 店	300	430	129,000				{ 200	420	84,000
									300	430	129,000 }
	29	鳥 取 商 店				200	420	84,000	300	430	129,000
	31	次 月 繰 越				300	430	129,000			
			1,300		539,000	1,300		539,000			
2	1	前 月 繰 越	300	430	129,000				300	430	129,000

(2)

商　品　有　高　帳
(移動平均法)　　品名　A　　品　　　　　　　　　　　　　　　　　単位：個

令和○年		摘　　　　要	受　入 数量	単価	金額	払　出 数量	単価	金額	残　高 数量	単価	金額
1	1	前 月 繰 越	300	400	120,000				300	400	120,000
	9	兵 庫 商 店	200	400	80,000				500	400	200,000
	11	滋 賀 商 店	500	420	210,000				1,000	410	410,000
	18	奈 良 商 店				800	410	328,000	200	410	82,000
	25	京 都 商 店	300	430	129,000				500	422	211,000
	29	鳥 取 商 店				200	422	84,400	300	422	126,600
	31	次 月 繰 越				300	422	126,600			
			1,300		539,000	1,300		539,000			
2	1	前 月 繰 越	300	422	126,600				300	422	126,600

	売 上 高	売 上 原 価	商品売買益
(1) 先入先出法	¥ 540,000	¥ 410,000	¥ 130,000
(2) 移動平均法	¥ 540,000	¥ 412,400	¥ 127,600

掛け取引の記帳 (p.23〜24)

1

ア 人　名	イ 統　　制	ウ 貸し倒れ

2

	借　　　方		貸　　　方	
1/15	現　　　金	100,000	売 掛 金	100,000
20	売 掛 金	170,000	売　　　上	170,000
22	売　　　上	15,000	売 掛 金	15,000
30	現　　　金	50,000	売　　　上	250,000
	売 掛 金	200,000		

総 勘 定 元 帳

売 掛 金　　　　4

1/1 前期繰越	460,000	1/15 現　金	100,000
20 売　上	170,000	22 売　上	15,000
30 売　上	200,000		

売 掛 金 元 帳

岡 山 商 店　　　　1

令和〇年		摘　　　要	借　方	貸　方	借または貸	残　高
1	1	前 月 繰 越	120,000		借	120,000
	20	売 り 上 げ	170,000		〃	290,000
	22	返　　　品		15,000	〃	275,000
	31	次 月 繰 越		275,000		
			290,000	290,000		
2	1	前 月 繰 越	275,000		借	275,000

高 知 商 店　　　　2

令和〇年		摘　　　要	借　方	貸　方	借または貸	残　高
1	1	前 月 繰 越	340,000		借	340,000
	15	回　　　収		100,000	〃	240,000
	30	売 り 上 げ	200,000		〃	440,000
	31	次 月 繰 越		440,000		
			540,000	540,000		
2	1	前 月 繰 越	440,000		借	440,000

3

	借　　　方		貸　　　方	
1/4	仕　　　入	260,000	買 掛 金	260,000
5	買 掛 金	4,000	仕　　　入	4,000
11	買 掛 金	250,000	当 座 預 金	250,000
19	仕　　　入	325,000	現　　　金	25,000
			買 掛 金	300,000

買 掛 金　　　　10

1/5 仕　入	4,000	1/1 前期繰越	390,000
11 当座預金	250,000	4 仕　入	260,000
		19 仕　入	300,000

買 掛 金 元 帳

石 川 商 店　　　　1

令和〇年		摘　　　要	借　方	貸　方	借または貸	残　高
1	1	前 月 繰 越		90,000	貸	90,000
	4	仕 入 れ		260,000	〃	350,000
	5	返　　　品	4,000		〃	346,000
	31	次 月 繰 越	346,000			
			350,000	350,000		
2	1	前 月 繰 越		346,000	貸	346,000

福 井 商 店　　　　2

令和〇年		摘　　　要	借　方	貸　方	借または貸	残　高
1	1	前 月 繰 越		300,000	貸	300,000
	11	支　払　い	250,000		〃	50,000
	19	仕 入 れ		300,000	〃	350,000
	31	次 月 繰 越	350,000			
			600,000	600,000		
2	1	前 月 繰 越		350,000	貸	350,000

4

¥	510,000